DIE WÄCHTER DES CHI

Redaktionsassistenz Ruth Amos
Designassistenz Liam Drane, Satvir Sihota
Umschlaggestaltung Liam Drane, Satvir Sihota
Lektorat Victoria Taylor, Sadie Smith
Herstellung Siu Yin Chan, Louise Daly, Marc Staples, Louise Minihane
Cheflektorat Elizabeth Dowsett
Gestaltung und Satz Nathan Martin
Design Manager Nathan Martin
Projektleitung Julie Ferris
Art Director Ron Stobbart
Programmleitung Simon Beecroft

DK DELHI
Lektoratsassistenz Gaurav Joshi
Bildredaktion Neha Ahuja, Divya Jain, Pranika Jain
Cheflektorat Chitra Subramanyam
DTP Design Jagtar Singh, Umesh Singh Rawat
Herstellung Sunil Sharma

Für die deutsche Ausgabe:
Programmleitung Monika Schlitzer
Projektbetreuung Florian Bucher, Anna-Selina Sander
Herstellungsleitung Dorothee Whittaker
Herstellungskoordination Katharina Dürmeier
Herstellung Christine Rühmer

Titel der englischen Originalausgaben:
Tribes of Chima (2013), *The Race for CHI* (2013), *Heroes' Quest* (2014)

Gestaltung © Dorling Kindersley Limited, London
Ein Unternehmen der Penguin Random House Group
Alle Rechte vorbehalten

Übersetzung Jan Dinter
Lektorat Anke Wellner-Kempf

ISBN 978-3-8310-2622-7

Printed and bound in Slovakia

Besuchen Sie uns im Internet
www.dorlingkindersley.de
www.LEGO.com

LEGO LEGENDS OF CHIMA™

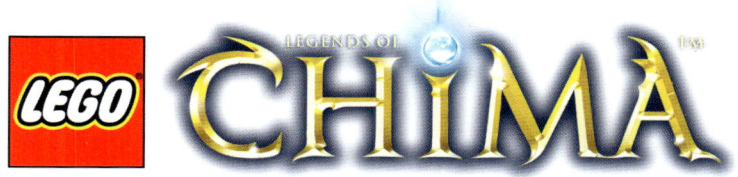

DIE WÄCHTER DES CHI

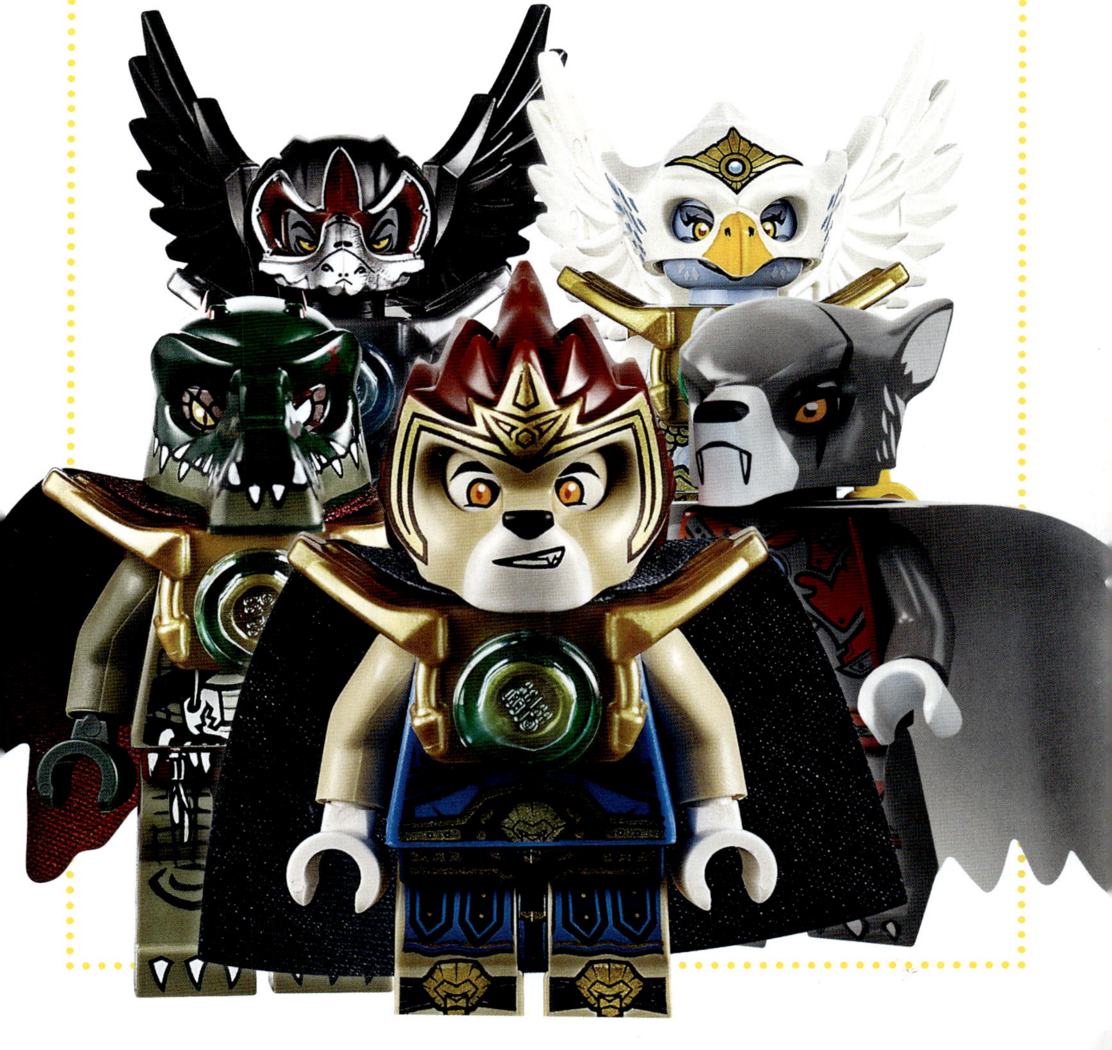

Inhalt

CHIMAS STÄMME

VON RUTH AMOS

Willkommen in Chima!

Das Land Chima ist etwas ganz Besonderes.

In dem prachtvollen Königreich voller Berge, Dschungel und Flüsse leben viele Tierstämme.

Früher einmal war Chima ein sehr friedlicher Ort. Heute aber herrscht heftiger Streit unter den Bewohnern. Die Tiere zanken sich um die magische Energiequelle CHI, die ihnen Kraft gibt und ihre Fahrzeuge antreibt.

CHI

Das CHI befindet sich
im Heiligen Quell.
Alle Tiere sind hinter
dem CHI her, da seine
Energie wundersame
Kräfte verleiht.

Die Tierstämme

Die Vorfahren der Tiere gingen wie andere Tiere auch auf vier Beinen.

Als manche Vorfahren von dem CHI tranken, begannen sie, auf zwei Beinen zu gehen und sich immer weiter zu entwickeln.

Sie bildeten Stämme und bauten erstaunliche Gebäude und Fahrzeuge.

Krokodil   Wolf   Löwe

Adler

Rabe

Zu den Stämmen von Chima gehören die Krokodile, die Wölfe, die Löwen, die Adler und die Raben.

Früher waren die Stämme miteinander befreundet, aber heute sind sie zerstritten. Wer soll das meiste CHI bekommen?

Der Stamm der Löwen

Sehen wir uns doch einmal ein paar der Stämme an! Der Löwenstamm ist der edelste aller Tierstämme.

Die Löwen haben geschworen, das CHI zu bewachen. Jeden Monat verteilen sie es unter allen anderen Tieren.

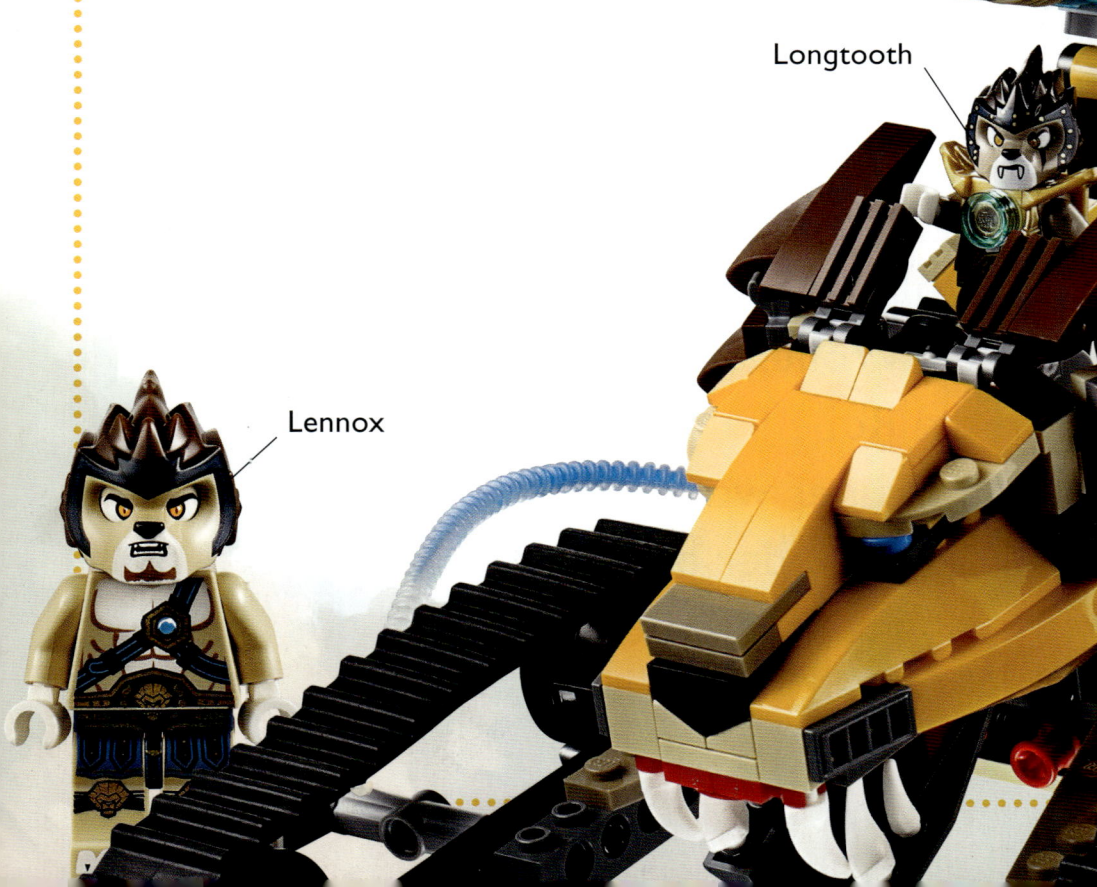

Longtooth

Lennox

Die Löwen befolgen die Gesetze
von Chima und sind immer gerecht.
Sie leben in der Löwenstadt.

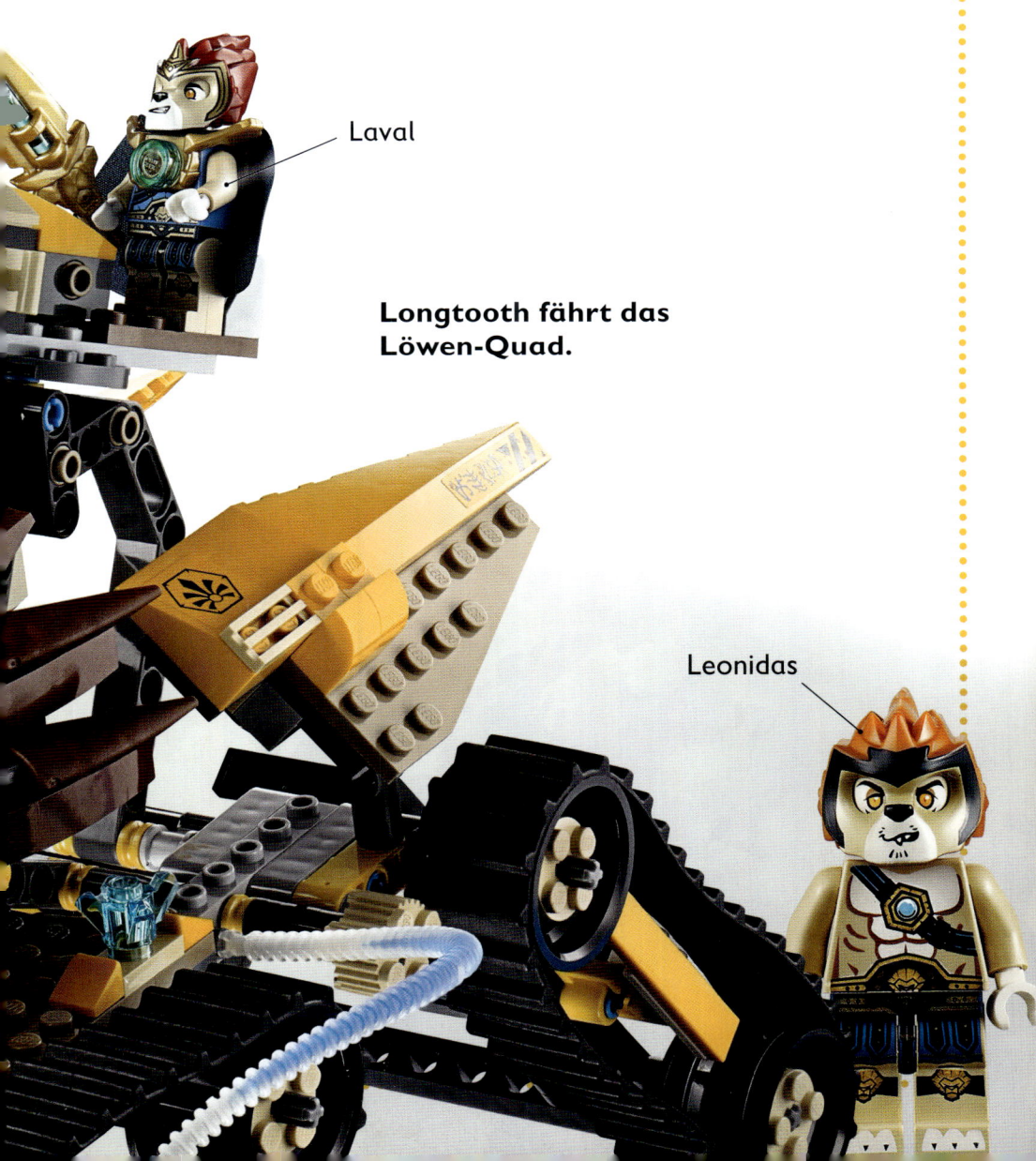

Laval

**Longtooth fährt das
Löwen-Quad.**

Leonidas

Longtooth und Laval

Longtooth vom Stamm der Löwen ist ein alter Soldat. Er war bei vielen Gefechten dabei. Inzwischen regelt er Streitereien lieber mit Worten.

Longtooth erzählt Prinz Laval lange Geschichten über seine Kämpfe.

Longtooth

Laval tut aber nur so, als würde er zuhören! Der rothaarige junge Löwe ist tapfer, aber auch eigensinnig.

Eines Tages wird Laval der König aller Löwen sein. Doch bis jetzt ist er nur ein großes Kind!

Laval

Der Stamm der Krokodile

Die Krokodile sind hinterhältige und gerissene Halunken.

Mit ihrer harten, schuppigen Haut und ihren scharfen Zähnen sehen sie ganz schön unheimlich aus.

König Crominus

Crooler

Das gefährliche grüne Croc-Boot ist Craggers Einsatzzentrale.

Früher waren die Krokodile und
die Löwen Freunde, doch heute sind
sie verfeindet.

Die Krokodile leben in Sümpfen.

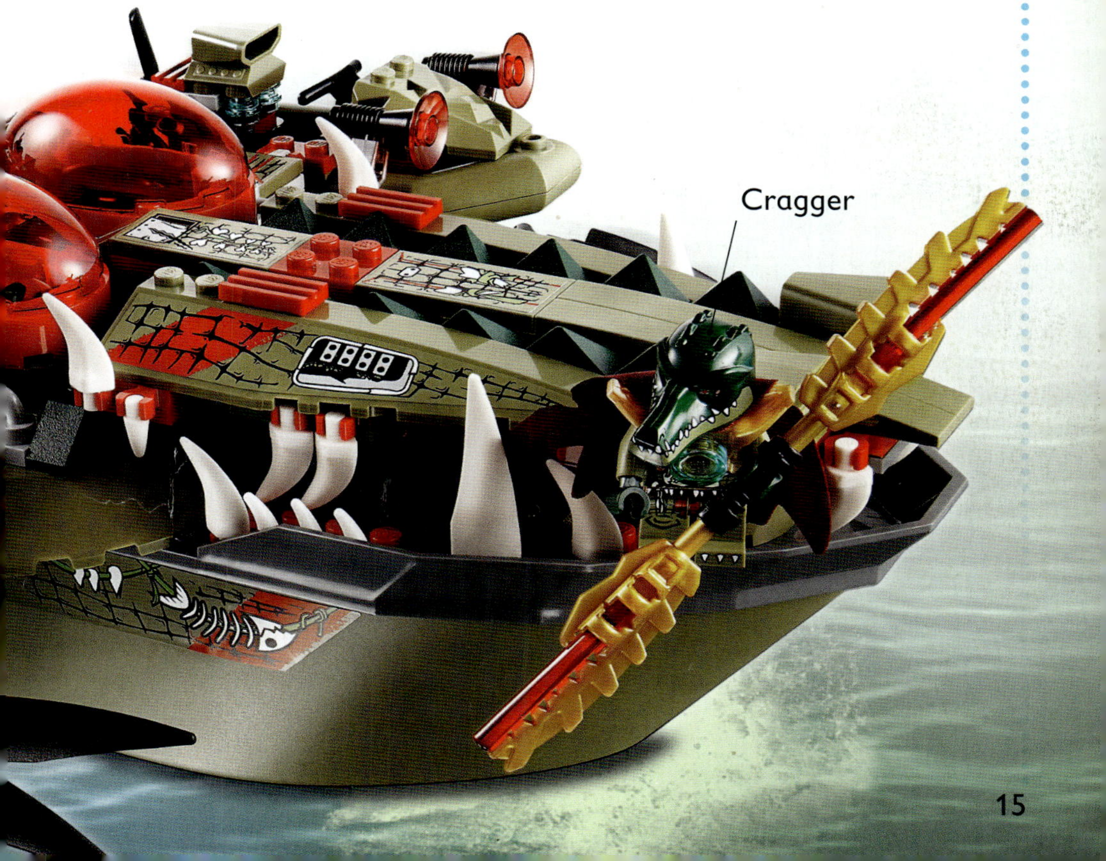

Cragger

Crominus und Cragger

Craggers Vater, König Crominus, ist der Anführer der Krokodile.

Crominus ist ein strenger Herrscher, der den Stamm mit seinem Scharfsinn beschützt. Er trägt einen goldenen Helm und einen Brustpanzer.

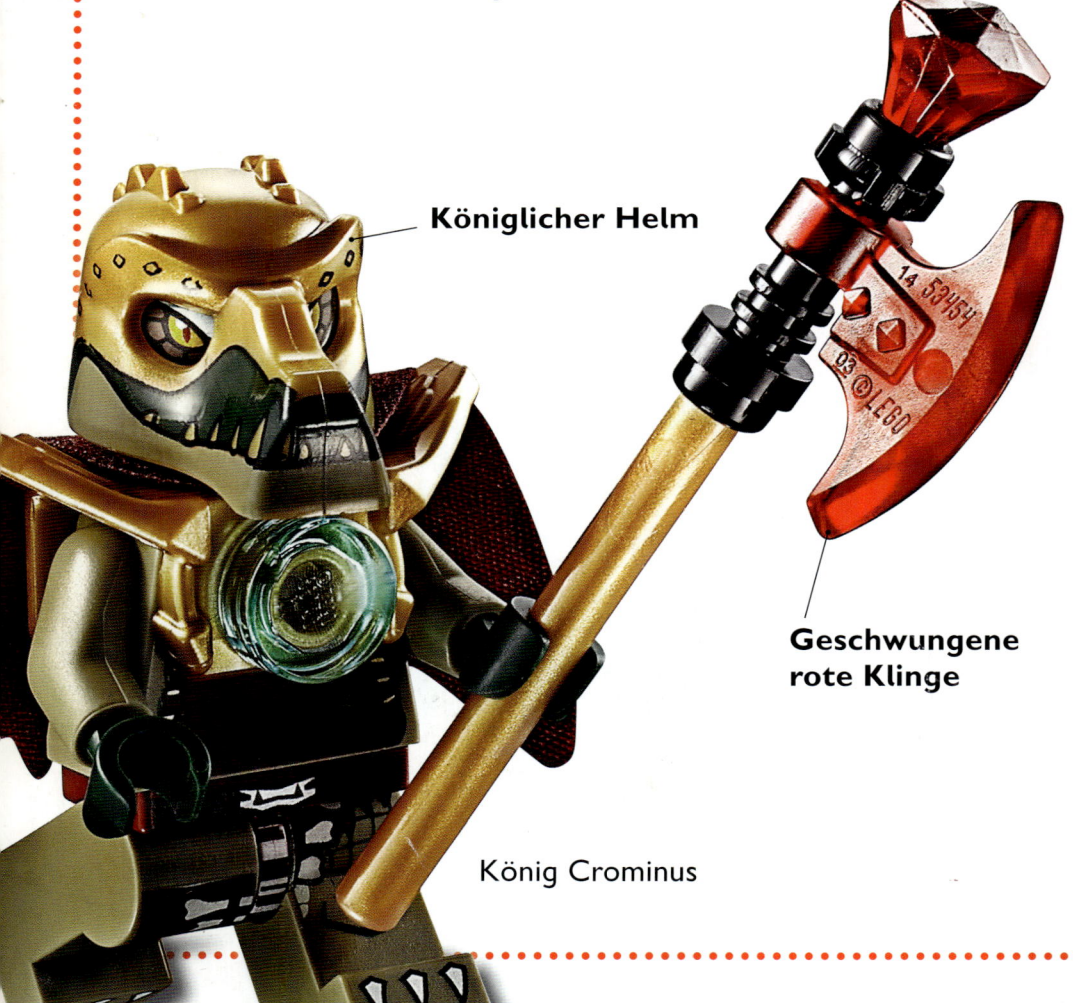

Königlicher Helm

Geschwungene rote Klinge

König Crominus

Cragger

Impulsstrahler

Cragger ist der junge Prinz des Krokodilstammes.

Er ist sehr habgierig und versessen darauf, immer mehr CHI in seine Klauen zu bekommen.

Vengdualize

Cragger benutzt am liebsten seinen goldenen Speer Vengdualize. Die Klingen können sich wie bei einer Kettensäge drehen.

Eris steuert den Adlerjäger.

Eglor

Eris

Ewar

Equila

Der Stamm der Adler

Die Adler sind sehr schlaue Wesen, die immer wohlüberlegt handeln. Ständig unterhalten sie sich über neue Einfälle und erfinden fantastische Dinge.

Die anderen Tiere machen sich manchmal über die Adler lustig. Sie nennen die Adler „Windeier", weil sie ganz schön verträumt sein können und mit ihren Gedanken dauernd woanders sind.

Dabei denken die Adler einfach nur gerne nach!

Sie sind treue Verbündete des Löwenstammes.

Der Stamm der Adler lebt in luftiger Höhe auf Felsklippen.

Eris und Eglor

Die schlaue und freundliche Pilotin Eris löst für ihr Leben gern knifflige Rätsel.

Eris ist sehr geschickt darin, sich Gefechtspläne auszudenken. Aber lieber wäre es ihr, wenn alle Tierstämme als Freunde miteinander leben würden!

Eglor ist der berüchtigte „Bastlervogel" unter den Adlern.

Der aufgeweckte Erfinder weiß alles über Fahrzeuge und Ausrüstung.

Liebend gern ist Eglor
mit seinem Streitwagen
unterwegs, der Speedor
genannt wird.
Hier versucht er
gerade, mit seinem
Speedor auf einem
Nest in einem
Baumwipfel zu
landen.

Der Stamm der Raben

Die Raben sind hinterlistige und betrügerische Vögel, die mit Vorliebe Dinge stehlen.

Sie beklauen nicht nur ihre Feinde, sondern auch ihre Freunde!

Razcal fliegt einen Gleiter.

Rizzo

Die Raben haben sich mit dem
Krokodilstamm verbündet.

Ihre Nester sind unordentliche
Festungen, die man besser nicht
betritt. Innen sind sie riesige
Irrgärten, aus denen man nicht
wieder hinausfindet!

Razcal

Razar

Rizzo und Rawzom

Rizzo ist der ungepflegteste aller Raben.

Seine zerfledderten Federn, die silberne Augenklappe und das rostige Metallbein sind ihm egal. Hauptsache, er kann etwas klauen!

Mit dem Klauenwerkzeug Grabberatus schnappt er sich alles, was nicht niet- und nagelfest ist.

Greifklaue

Rizzo

Rawzom

**Schaurige
schnabelförmige
Sense**

Der König
der Raben heißt
Rawzom.

Rawzom ist stark, aber
recht schweigsam.

Wenn er doch einmal ein paar
Worte knurrt, wissen die Raben,
dass sie ihm besser gehorchen
sollten!

Der Stamm der Wölfe

Die Wölfe sind ein wilder Stamm. Aber sie sind auch sehr geschickt.

Sie denken immer erst an das Wohl des Rudels statt an ihr eigenes. Der Wolfstamm ist mit dem Stamm der Krokodile verbündet.

Die Wölfe leben und arbeiten in ihren Panzerfahrzeugen. Damit durchstreifen sie im Rudel das Königreich Chima.

Wenn sie sich in ihren Fahrzeugen zusammendrängen, wird es darin recht schnell sehr eng und muffig!

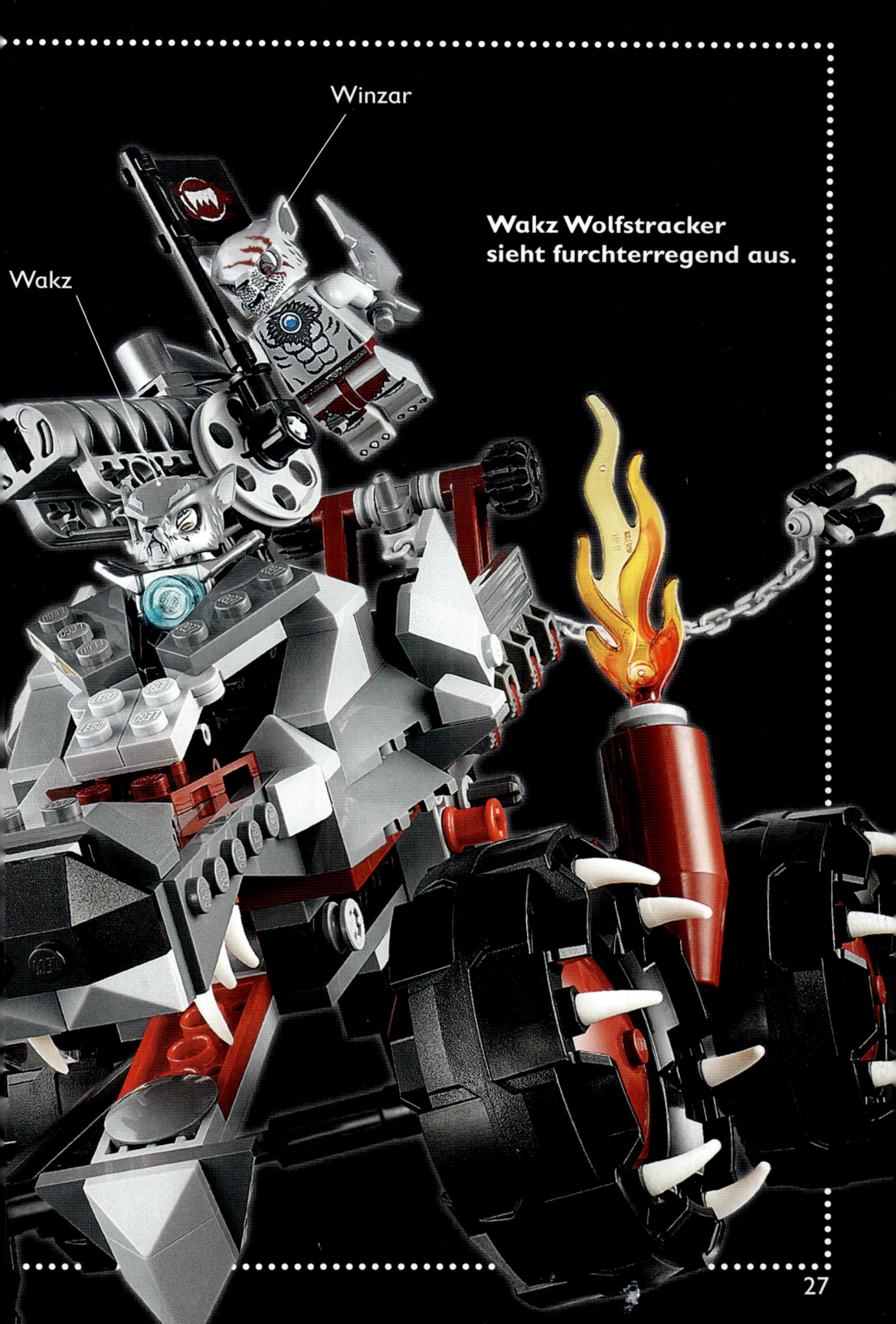

Winzar

Wakz

**Wakz Wolfstracker
sieht furchterregend aus.**

Winzar und Wilhurt

Winzar ist noch ein sehr junger Wolf. Er steckt voller Energie. Immerzu fängt er Streit mit anderen Tieren an.

Winzar trägt eine schwarze Axt, die mit CHI geladen ist.

Verwundungen

In seinen zahlreichen Kämpfen hat Winzar ein Auge verloren und sich viele Narben zugezogen!

Wilhurt ist ein fieser und sehr
gefährlicher Raufbold!

Am liebsten fetzt er sich mit
anderen Tieren oder geht auf
die Jagd.

Dann setzt er mit seiner großen,
schwarzen Axt seiner Beute nach.

**Leistungsstarkes
blaues Speedor-Rad**

Pass auf, Wilhurt!

Die Guten

Der Stamm der Löwen ist mit dem Stamm der Adler verbündet. Sie beschützen sich gegenseitig bei Streitigkeiten in Chima.

Die Löwen und die Adler haben viele Teile ihrer Ausrüstung selbst erfunden.

Ewar hat eine Impulskanone.

Laval trägt ein goldenes Schwert, das fast so groß ist wie er selbst.

Laval

Ewar

Impulskanone

Geschmeidige, scharfe Doppelklingenaxt

Eris

Eglor

Die Bösen

Die gemeinen Krokodile, Raben und Wölfe sind gierig nach immer mehr Macht.

Weil sie immer noch mehr CHI bekommen wollen, haben sich diese Schurken zusammengetan und gehen gemeinsam gegen die Löwen und die Adler vor.

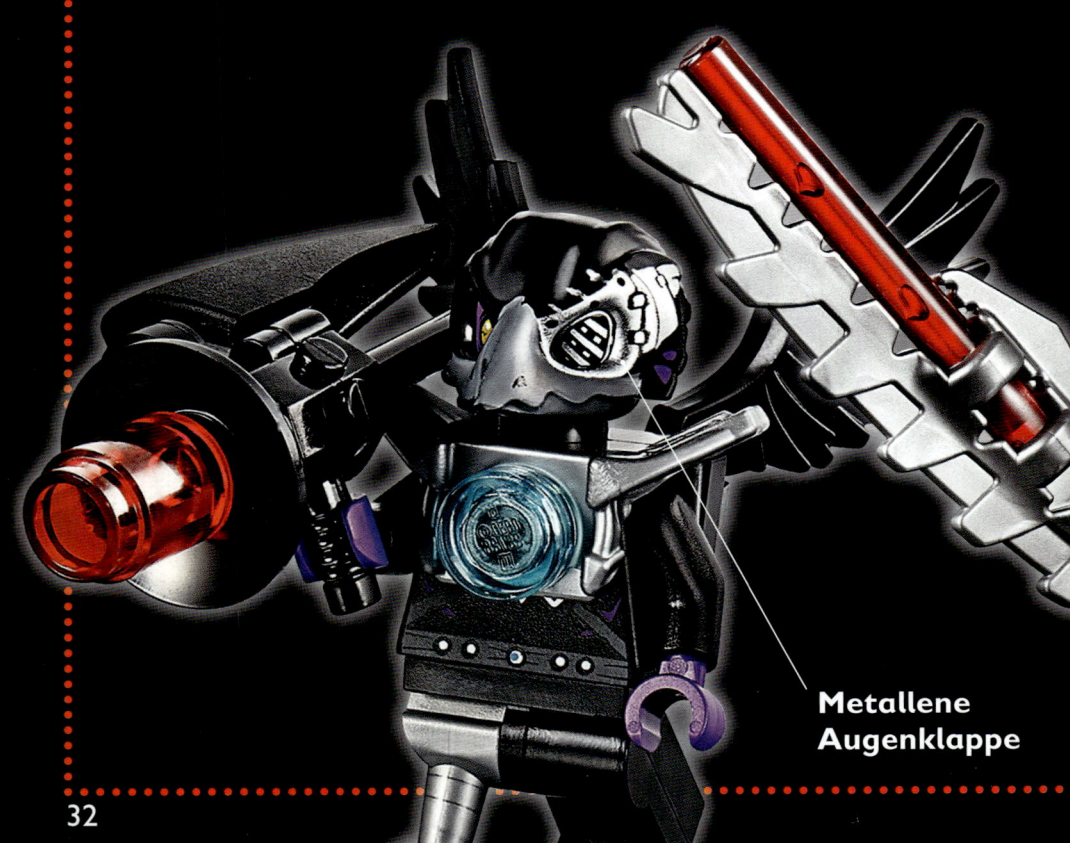

Metallene Augenklappe

Was wird wohl in Zukunft aus dem Königreich Chima werden?

Welche Stämme werden siegreich sein? Die Antwort kann uns nur die Zeit verraten …

An König Crominus' Axt leuchtet ein roter CHI-Kristall.

Quiz

1. Zu welchem Stamm gehört Eglor?

2. Wer sind die eingeschworenen Wächter des CHI?

3. Welcher Stamm stiehlt gerne Sachen?

4. Welchen Gegenstand verwendet Cragger am liebsten?

5. Wie heißt dieses Fahrzeug?

1. Adlerstamm, 2. Löwenstamm, 3. Rabenstamm, 4. Vengdualize, 5. Wakz Wolfstracker

34

DIE JAGD NACH DEM CHI

VON RUTH AMOS

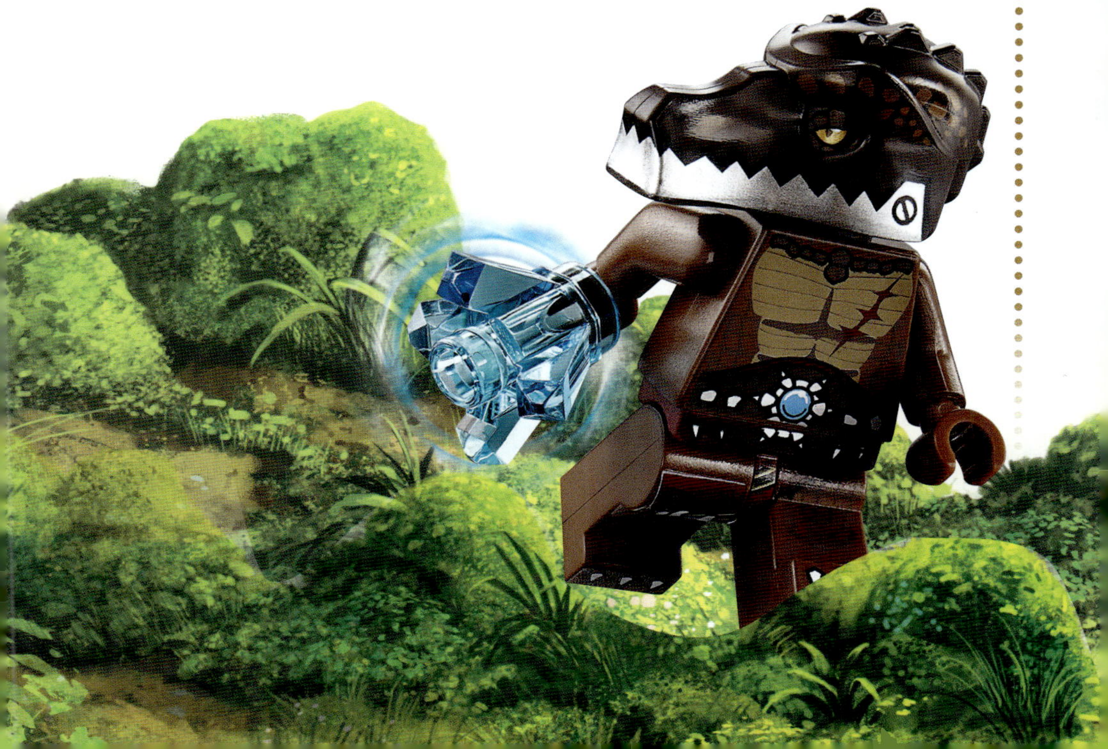

Seid gegrüßt,
tapfere Abenteurer!

Taucht ein in die Legende von Chima, einem Land voller Schönheit, aber auch furchtbaren Streits. Der einstige Frieden in diesem Paradies ist dahin, seit sich seine Bewohner tollkühne Gefechte um das CHI liefern.

Das mächtige Naturelement CHI gibt dem Königreich seine Lebenskraft. Es ist eine Energieform, die allen Tieren enorme Stärke verleiht, sofern sie damit umgehen können.

Woher kommt das CHI?

Hoch über dem Land schwebt der geheimnisvolle Cavora-Berg. Von ihm fließt das CHI aus vielen Wasserfällen in Chimas Flüsse.

Schließlich gelangt es in den Heiligen Quell beim Löwentempel. Dort verwandelt es sich in harte, blaue Kugeln.

Die Löwen haben geschworen, das CHI zu bewachen.

Sie sammeln es aus dem Quell, und einmal im Monat, am großen „CHI-Tag", geben sie jedem Tierstamm etwa 50 CHI-Kugeln.

Blaues CHI

Der Cavora-Berg schwebt in der Luft.

39

Die Kraft des CHI

Vor Jahrtausenden lebten die Legend-Beasts. Sie waren normale Vierbeiner, bis einige von ihnen das CHI aus den Flüssen tranken. Danach fingen sie an, auf zwei Beinen zu gehen, und entwickelten sich zu den Tierarten, die heute hier leben.

CHI steckt an der Rüstung.

Mit dem CHI geben die Tiere ihrer Ausrüstung, ihren Fahrzeugen und sich selbst Kraft. Dazu tragen sie das CHI in speziellen Brustpanzern.

Das CHI verleiht den Tieren nicht nur sehr große Stärke, sondern auch Geschicklichkeit.

Die Tiere erhalten enorme Stärke, wenn sie das CHI an ihren Rüstungen anbringen.

Brustpanzer

Frage des Gleichgewichts

Zu den wichtigsten Stämmen Chimas zählen die Krokodile, die Raben und die Wölfe. Sie sind raffgierig und wollen alles CHI nur für sich allein.

Am roten Leuchten des CHI in ihrer Ausrüstung erkennt man, dass sie nichts Gutes im Schilde führen.

In diesen gefährlichen Geräten der Krokodile leuchtet das CHI rot.

Blauer CHI-Kern festigt das Löwenschwert

Die Löwen und die Adler wollen das CHI gerecht verteilen. Ihre gute Gesinnung erkennt man daran, dass bei ihnen das CHI blau leuchtet.

Wird das CHI nicht gerecht verteilt, sodass manche Stämme mehr bekommen als andere, gerät die Energie aus dem Gleichgewicht.

Das hätte für alle Bewohner Chimas schlimme Folgen!

Die Tiere stehen hinten auf ihren Speedorz.

Speer mit silberner Spitze

Schnittige Form für mehr Tempo

Adlerstamm-Symbole zieren den Speedor.

Das große Turnier

Heute geht's zum spektakulären Rennen in Chimas großer Arena. Geschicklichkeit ist gefragt, wenn die Tiere in ihren rasanten Streitwagen, den Speedorz, losbrausen.

Wer das Hindernisrennen heute am schnellsten bewältigt, gewinnt eine kostbare Trophäe: eine seltene Kugel aus goldenem CHI.

Goldenes CHI verliert nie seine Energie. Die Energie des blauen CHI reicht dagegen nur wenige Wochen.

Speedor-Rad
Die großen Speedor-Räder bestehen aus Gestein vom Cavora-Berg. Es ist mehrere Tausend Jahre alt.

Das Rennen beginnt

Start frei! Die Tiere zischen auf ihren Speedorz durch den Parcours und das Publikum jubelt.

Die Teilnehmer brauchen Nerven aus Stahl, wenn sie durch knisternde Feuerringe fahren, purzelnden Felsen ausweichen und einstürzende Höhlen durchqueren!

Lodernder Flammenring

Equila vom Adlerstamm stößt die Rabenziele um, während Winzar vom Wolfstamm geradewegs durch einen Eisturm braust und ihn zertrümmert! Jedes Tier will unbedingt siegen und für seinen Stamm die seltene goldene CHI-Kugel gewinnen.

Rote Scheibe

Die Teilnehmer müssen die farbigen Scheiben treffen, um die Rabenziele umzuwerfen.

Krokodil-Karambolage

Kurz vor der Zielgeraden geht König Crominus vom Krokodilstamm in Führung. Doch da passiert es! Ein herabfallender Felsbrocken bringt ihn aus dem Gleichgewicht und er baut einen Unfall!

Fallender Felsbrocken

Hochsprung-hindernis

Im Fels verborgene CHI-Kugel

Lennox vom Löwenstamm gibt Vollgas und zischt unter den uralten Dschungeltoren hindurch. Er gewinnt! Sieg für die Löwen!

König Crominus wird Letzter. Er ist wütend, weil die edlen Löwen schon wieder gewonnen haben. Noch am selben Abend schmieden die Krokodile mit ihren Verbündeten Rachepläne ...

Löwenstreife

Am nächsten Tag ist Lennox mit dem goldenen Löwen-Buggy unterwegs. Als Soldat des Löwenstammes geht er täglich auf Streife und sieht nach, ob alles in Ordnung ist.

Hinten im Fahrzeug hat Lennox immer etwas blaues CHI als Treibstoff dabei. Das CHI gibt dem Motor einen kräftigen Energieschub und bringt ihn auf Hochtouren.

CHI-Leitungen

In langen blauen Schläuchen wird die Energie des CHI in den Löwen-Buggy geleitet.

Impulsblaster

Dicker Geländereifen

Leitung mit CHI

Clevere Krokos

Mit einem hinterhältigen Plan wollen die Krokodile an mehr CHI kommen. Sie schicken den Strolch Crug los. Wenn der Buggy vorbeifährt, soll Crug sich das CHI schnappen. Mühsam klettert Crug über die Hinterräder zur Halterung des CHI.

Um an das CHI zu kommen, stellt sich Crug auf die Achse des Buggys!

Hey! Löwenwachmann Leonidas hat Crug entdeckt. Mit seinem mächtigen Schwert rennt er dem schuppigen Schurken nach.

Peng! Crug wehrt ihn mit seinem Impulsstrahler ab. Es sieht so aus, als könnte Crug fliehen. Da rutscht er aus und fällt hin. Das CHI landet in Leonidas' ausgestreckter Tatze!

Kroko-Falle

Leonidas ist froh, dass er das CHI retten konnte.

Doch oh nein! Die fiesen Krokodile haben ihm eine Falle gestellt!

Crawleys Reptiliengreifer bricht plötzlich durch das Unterholz und setzt Leonidas' Siegesfreude ein Ende. Seine ungeheuren Räder drehen sich in Höchstgeschwindigkeit.

Der Reptiliengreifer nimmt Leonidas mitsamt dem CHI in sein Maul. Crawley lacht schadenfroh, als sein Gefangener versucht, sich zu befreien.

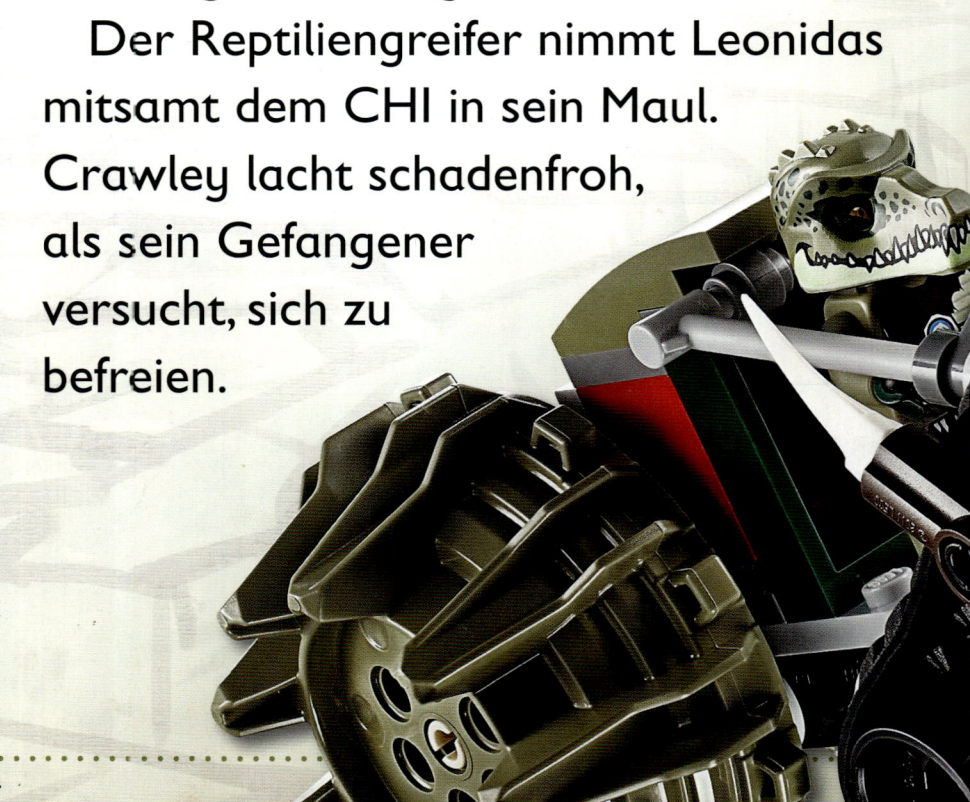

Greifzähne

Die spitzen Reißzähne
an den Ketten des
Reptiliengreifers drehen
sich während der Fahrt.

**Leonidas lässt das
CHI nicht los.**

**Gefährlich
großes Maul**

Entscheidung

Leonidas schafft es gerade noch, mit seinem Silberschwert die Zähne des Greifers auseinanderzustemmen. Sofort springt Crawley aus dem Fahrzeug. Die beiden Gegner laufen um das Gefährt herum, um den Streit auszutragen.

Bügel gibt Halt während der Fahrt.

Aus luftiger Höhe
haben die Adler
alles beobachtet.
Mutig schwebt Eris mit
ihrer goldenen Axt heran.
Als Crawley sich auf Leonidas
stürzen will, stößt sie herab und
rettet das kostbare CHI.

**Stachelräder sehen
wie Krokodilhaut aus.**

Auf und davon!

Schnell fliegt Eris wieder hinauf und steigt in ihren Adlerjäger. Das Fluggerät mit den blauen Flügeln und dem spitzen gelben Schnabel ist mit Raketen bestückt.

Große Spannweite für Gleitflüge

Kräftige Krallen
Die Füße des Adlerjägers eignen sich gut zum Landen und Festhalten.

Leider hat Eris nicht bemerkt, dass sich ein blinder Passagier heimlich bei ihr eingeschlichen hat. Einschleichen ist die Spezialität des Rabenstammes!

Der gierige Razar vom Stamm der Raben ist Eris gefolgt. Er ist mit den Krokodilen verbündet und will das CHI zurückklauen. Er pirscht sich an das Heck des Jägers und schnappt sich das CHI aus dem Geheimfach!

Razar hat Übles vor!

Haltet den Dieb!

Razars schnittiger Rabengleiter schwebt ganz in der Nähe. Er springt hinein und jagt mit dem CHI davon!

Aber noch ist nichts verloren. Die schlaue Eris hat vorgesorgt und betätigt rasch den Knopf für den Schleudersitz.

Wusch! Das Cockpit löst sich vom Adlerjäger und wird ein superschneller Mini-Jet.

Eris jagt in Höchstgeschwindigkeit hinter Razar her. Ihre Raketen sind pfeilschnell, aber Razar schafft es, ihnen auszuweichen. Dabei lässt er jedoch aus Versehen seine Beute fallen. Ups ...

Razar bedient die Steuerung des Gleiters mit seiner Hakenhand!

Wildwasser

Das kostbare CHI fällt hinunter in die Stromschnellen des Flusses. Platsch!

Gespannt haben die Löwen das Luftgefecht beobachtet. Als Lennox und Leonidas sehen, wie das CHI herabfällt, rasen sie los.

Sie flitzen auf ihren wendigen Jetskis zum CHI, um es zu retten.

Zu ihrem Pech haben aber auch die Krokodile das CHI gesehen und besteigen jetzt Craggers riesiges Schuppenschiff. Beide Stämme preschen durch die Stromschnellen. Wer ist zuerst beim CHI?

Hurra! Die Löwen sind schneller und Leonidas fischt das CHI rasch aus den Fluten.

Gefangene in Gefahr

Jetzt haben die Löwen ein Problem. Das mächtige Croc-Boot ist ihnen auf den Fersen und bedroht sie mit peitschendem Schwanz und langen Zähnen.

Die Löwen müssen das CHI herausrücken und werden im Boot gefangen genommen. Der Rachen am Bug öffnet sich und wird ihr Gefängnis.

Cragger schubst die Gefangenen mit dem Speer.

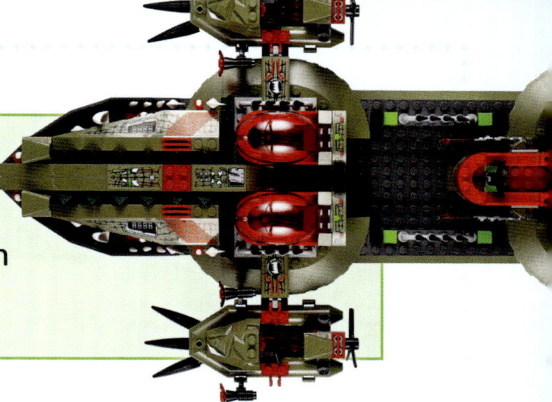

Klauen zum Klauen

Craggers Croc-Boot Zentrale besitzt spitze Klauen und rote Cockpit-Augen.

Prinz Cragger nimmt den Löwen ihre Ausrüstung ab. Mit einem höhnischen Krokodilslächeln bewacht er Lennox und Leonidas!

Crooler steuert das Schiff.

König Crominus überwacht alles.

An den Seiten des Schiffes sind Miniboote angebracht.

Schuppige Überraschung

Leonidas hat einen Trick auf Lager! Er duckt sich und rempelt Prinz Cragger an. So bekommt er das CHI zurück und kriegt dessen Schwert in seine Hände. König Crominus rennt mit seiner rot-goldenen Axt herbei und schon geht es rund!

Röhrende Propellerflügel

In dem Durcheinander
gelingt es den Löwen, über
Bord zu springen und ans Ufer
zu schwimmen. Arme Löwen – nasses
Fell ist ihnen ganz und gar zuwider!

König Crominus hat aber auch eine
Überraschung parat. Am Heck des
Bootes sitzt der Croc-Helikopter.
Crominus und Crooler besteigen
das Flugzeug und jagen den beiden
Löwen nach.

Rettung naht

Zum Glück für die Löwen trifft Hilfe ein. Am Ufer taucht Equila in seinem fantastischen Ultra Striker auf. Das Gefährt wird mit CHI betrieben und trägt zwischen seinen Gummiketten bedrohliche Klauen aus Gold.

Bei diesem Anblick überlegen es sich sogar die Raben lieber zweimal, ob sie den streitlustigen Vogel bestehlen wollen.

Leonidas wirft das CHI in hohem Bogen zu Equila. Der fängt es auf und braust in seinem Ultra Striker davon. Dabei kreischt der Motor wie ein Adler.

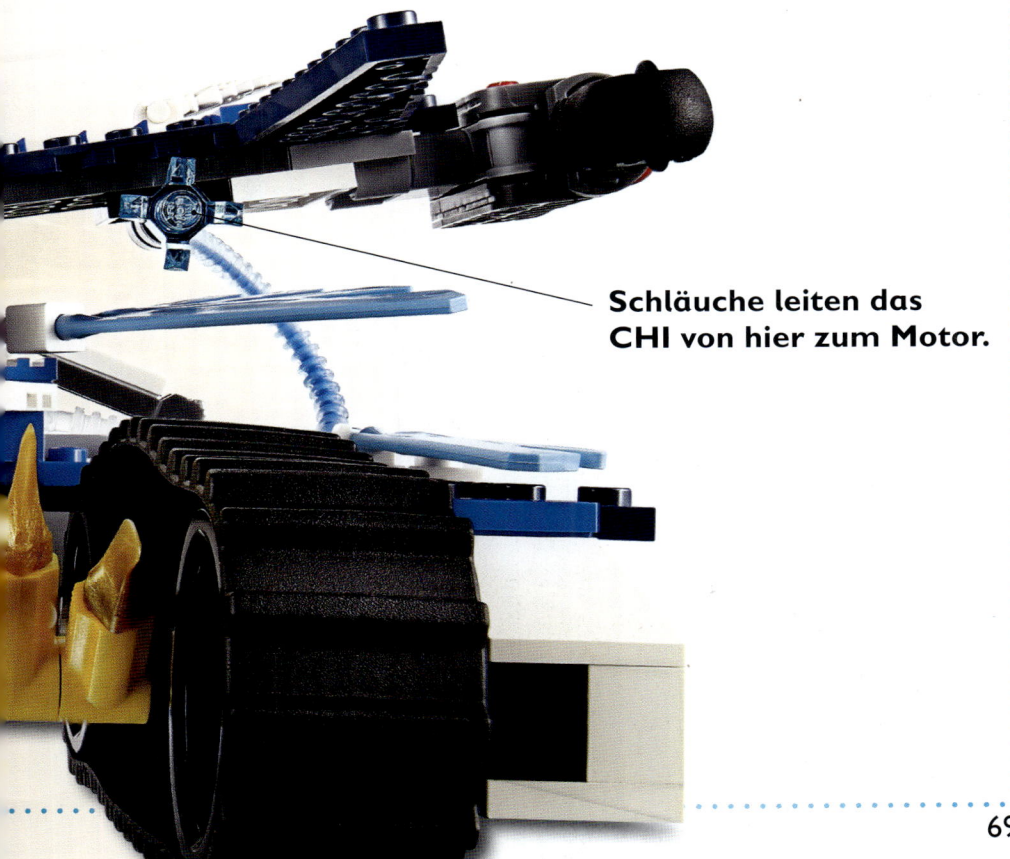

Schläuche leiten das CHI von hier zum Motor.

Rasendes Rudel

Jetzt mischt auch das Wolfsrudel mit! Wakz vom Stamm der Wölfe fährt einen geländegängigen Wolfstracker, der so gut wie überall durchkommt.

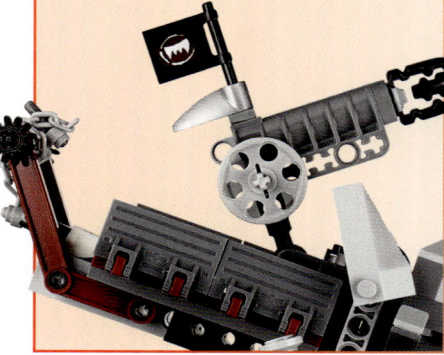

Wolf-Shooter
Am Raketenwerfer des Wolfstrackers weht die Fahne des Wolfstammes.

Kettenwinde mit Fangzähnen

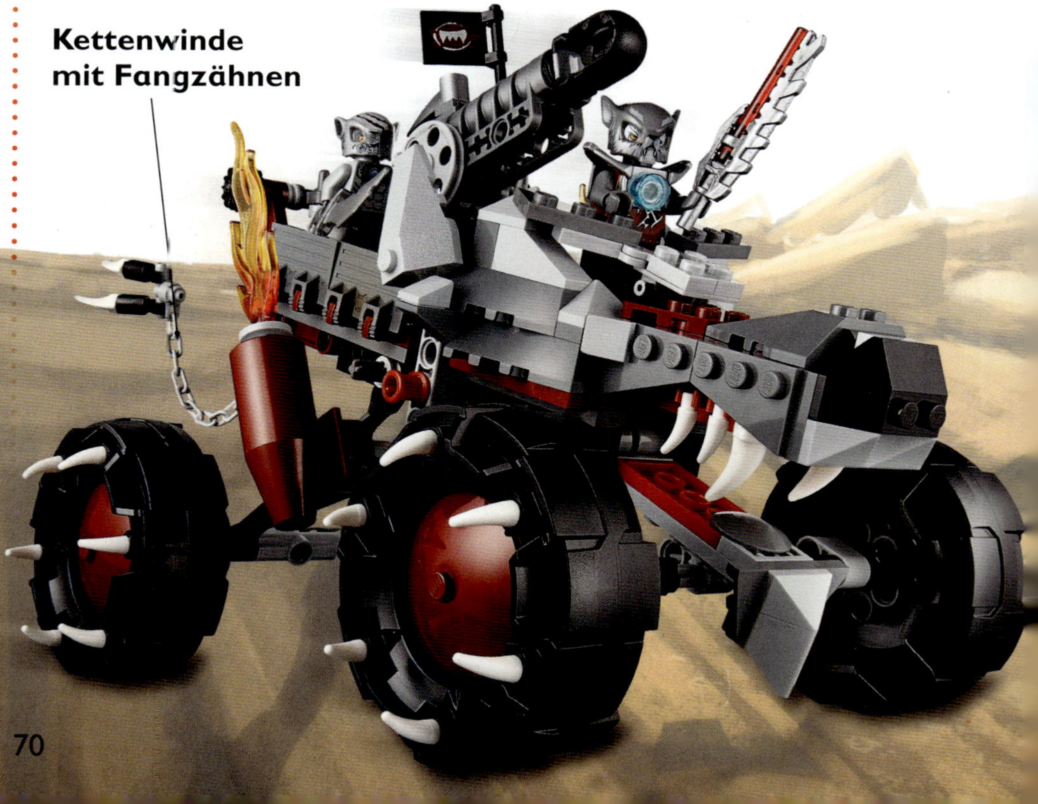

Der Wolfstracker ist mit
Stachelreifen und Flammenwerfern
ausgerüstet. Am Heck hat er eine
Winde mit Fangzähnen. Wakz fährt
und Winzar zielt mit dem geladenen
Raketenwerfer. Diese Wölfe meinen
es ernst!

Equila flieht mit dem CHI in seinem
Ultra Striker vom Flussufer. Doch die
skrupellosen Wölfe jagen ihm über
den felsigen Boden nach.

Luftige List

Equila gelingt es, die Wölfe abzuhängen. Als sie außer Sicht sind, stellt der gewiefte Adler den Ultra Striker auf Autopilot. Dann klettert er im Flug aus dem Cockpit!

Equilas goldene Axt
ist sehr wertvoll.

Equila nimmt das CHI und seine
goldene Axt und springt hoch in
die Luft. Dann fliegt er in einem
großen Bogen, um sich Wakz
Wolfstracker von hinten zu nähern!
Equila will die Wölfe überraschen und
den Motor des Trackers mit einem
Axthieb zertrümmern.

Das CHI fliegt durch die Luft.

Flammenwerfer

Knifflig

So ein Pech! Equila fliegt zu nah an den Wolfstracker heran.

Aua! Schon schnappen ihn die Zähne der Kettenwinde. Die Wölfe können ihr Glück kaum fassen und holen die Winde ein. Ein gemeines Lächeln legt sich auf ihre Gesichter, als sie das CHI und den Adler zu sich heranziehen.

Equila denkt sich, wenn er als Wolfsfrühstück enden soll, dann aber ohne CHI-Beilage. Er wirft das CHI weit weg, sodass es in den Dschungel kullert.

Königliche Kühnheit

Blitzschnell schnappt sich Crawley das CHI vom Boden und läuft davon! Aber Prinz Laval vom Stamm der Löwen hat beschlossen, dem Chaos endlich ein Ende zu setzen.

Klapp-Karte
Das Löwen-Quad verfügt über eine praktische Karte von Chima, die aus- und eingeklappt werden kann.

Mit seinem königlichen Löwen-Quad braust er Crawley nach. Während Longtooth das Gefährt mit den starken Ketten lenkt, setzt sich Prinz Laval oben hinter den großen Impulsstrahler.

Grimmiges Löwengesicht zur Abschreckung

Scharfe Zähne zum Festhalten frecher Krokodile!

Krokodil-Sandwich

Haps! Crawley ist nicht schnell genug gerannt! Das große Maul des Löwen-Quads schluckt ihn wie einen Leckerbissen. Er will sich herauswinden, aber die Kiefer sind zu stark.

Die Löwen führen ihren Gefangenen in ganz Chima vor, damit ihn alle sehen. Beim Anblick des kopfüber baumelnden Crawley schütteln sich die Tiere vor Lachen.

So bekommt er es mit gleicher Münze heimgezahlt!

Der arme Crawley wird ganz rot vor Scham. Aber wenigstens ist der Streit um das CHI damit beendet … vorerst.

Razar, Laval, Cragger, Eris und Worriz

Quiz

1. Woran erkennt man CHI, das für Böses benutzt wird?

2. Wie heißen die Streitwagen der Tiere?

3. Wer gewinnt das Rennen in der großen Arena?

4. Wie entkommt Leonidas Crawleys Reptiliengreifer?

5. Welcher diebische Rabe klaut Eris das CHI?

1. Es leuchtet rot. 2. Speedorz 3. Lennox vom Löwenstamm 4. Er stemmt das Maul mit seinem Schwert auf. 5. Razar

LEGO LEGENDS OF CHIMA™

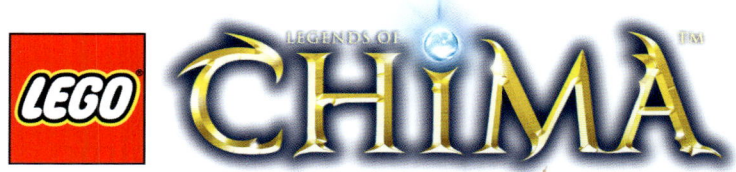

AUFBRUCH DER HELDEN

VON
HEATHER SEABROOK

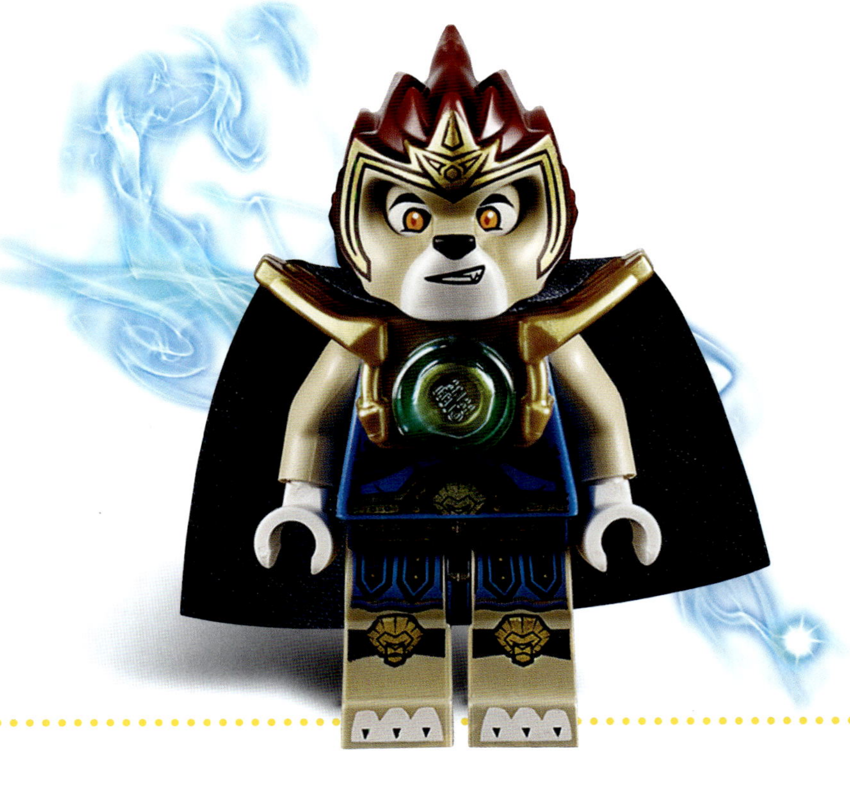

Chima in Not!

Im herrlichen Königreich Chima herrscht große Sorge unter den vielen Tierstämmen, die ihre Kraft von dem energiereichen Naturelement CHI erhalten.

Bisher füllten die Wasserfälle des Cavora-Bergs den Heiligen Quell mit CHI. Heute jedoch fließt kein Wasser mehr vom Cavora-Berg und der Heilige Quell ist ausgetrocknet. Die Stämme glauben, dass mythische Kreaturen, die Legend-Beasts, das Wasser wieder zum Fließen bringen und Chima retten können.

Die Legend-Beasts sind Tiere, die nicht aus dem Heiligen Quell getrunken haben. Sie gehen wie normale Tiere auf vier Beinen, sind aber riesengroß.

Schwarzer Rauch

Berg des Lebens

Früher war der Cavora-Berg üppig grün und aus seinen Wasserfällen floss energiereiches CHI.

Vereinte Helden

Früher stritten sich Chimas Stämme um das CHI. Jetzt, da es ihnen geraubt werden soll, merken sie, dass sie zusammenhalten müssen.

Die sechs Stämme haben ihre tapfersten Tiere ausgewählt für einen Helden-Trupp.

Mit dabei sind Eris die Adlerin, Gorzan der Gorilla, Rogon das Nashorn, Laval der Löwe, Cragger das Krokodil und Worriz der Wolf.

Zusammen begeben sie sich auf eine gefährliche Suche im Hinterland, um die Legend-Beasts zu finden.

Laval der Löwe

Laval ist der abenteuerlustige Sohn von König LaGravis. Er ist ein Dickkopf, der noch viel lernen muss. Eines Tages wird er den Löwenstamm anführen und über Chima herrschen.

Laval glaubt, er wäre bereit, die Gefahr für Chima abwenden zu können. Er will seinem Vater beweisen, wie mutig und verlässlich er ist.

Die Reise ins Hinterland steckt voller Gefahren. Doch Laval weiß, dass die Helden keine Angst haben dürfen und die geheimnisvollen Legend-Beasts finden müssen.

Cragger das Krokodil

Cragger ist stur und befolgt nur ungern Regeln. Er hält sich für schlauer als alle anderen. Vor allem will er immer gewinnen!

Früher war Cragger Lavals bester Freund. Aber als Cragger einmal unerlaubt CHI benutzt hat, haben sie sich zerstritten. Insgeheim wünscht sich Cragger, wieder Lavals Freund zu sein.

Schwert Vengious

Jetzt müssen Cragger und Laval gemeinsam helfen, die Not in Chima zu besiegen und den CHI-Quell wieder zu füllen. Vielleicht werden sie dabei wieder Freunde.

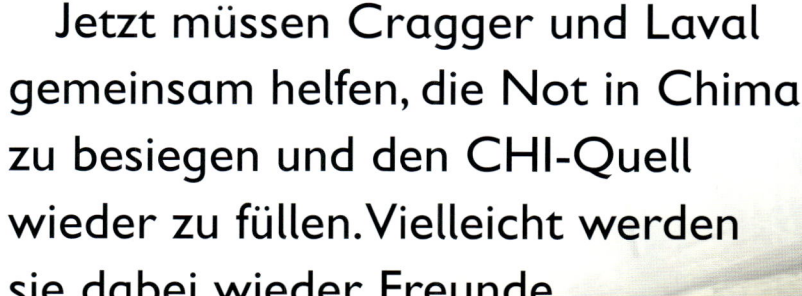

Eris die Adlerin

Eris vom Adlerstamm ist die Tochter eines der vielen herrschenden Adler.

Sie ist sehr clever und liebt Abenteuer und Rätsel.

Eris ist immer hilfsbereit und eine gute Freundin.

Rogon das Nashorn hat sie besonders gern.

Wenn es Streit gibt, benutzt Eris immer ihren Verstand, um eine friedliche Lösung zu finden. Im Trupp der tapferen Helden spielt sie eine sehr wichtige Rolle.

Worriz der Wolf

Worriz gehört zum Wolfstamm. Er ist rabiat und listig und denkt immer zuerst an sich und seinen Stamm.

Die Wölfe kommen mit den anderen Stämmen nicht besonders gut aus. Trotzdem müssen auch sie jemanden zur Rettung Chimas schicken. Dazu wurde Worriz auserwählt. Er wird mit den anderen Helden ins Hinterland ziehen, um die Legend-Beasts zu suchen.

Worriz liebt das Wolf Legend-Beast, obwohl er ihm noch nie begegnet ist. Er ist fest entschlossen, es zu finden. Komme, was wolle.

**Schwert
Derimous**

Rogon das Nashorn

Wie alle vom Nashornstamm kann Rogon etwas dämlich sein. Er amüsiert sich gern und ist für jeden Spaß zu haben.

Rogon versteht nicht ganz, worum sich die Mission dreht und weshalb die Helden losziehen. Aber er kommt spaßeshalber trotzdem mit!

Nashorn-Cruiser

Rogons schwerer Laster ist sehr schnell und kann Felsen katapultieren.

Rogon ist aber auch sehr stark.
Es lohnt sich, ihn dabeizuhaben,
besonders wenn er seine fünfläufige
Felsschleuder gegen Feinde einsetzt!

Gorzan der Gorilla

Wie die meisten Gorillas ist Gorzan sehr stark und gleichzeitig sehr sanft. Er liebt auch ganz kleine Dinge wie Blumen und Insekten. Selbst in Gefechten gibt er acht, keine von ihnen zu zertreten.

Bananenbogen

Gorzans kämpft am liebst mit dem Bananen-bogen. Aus ihm springt eine Riesenfaust auf einer Feder heraus.

Im Kampf ist Gorzan stark und mächtig. Wird er wütend, jagt er sogar den stärksten Tieren der Hinterland-Stämme Angst ein.

Lavertus der Löwe

Lavertus wurde nach einem Streit mit König LaGravis ins Hinterland verbannt. Dort lebt er jetzt in seinem „Lagerversteck" – seinem Zuhause, das er selbst gebaut hat.

Lavertus fliegt einen Löwen-Jet namens „Windschatten". Als Konstrukteur ist er ein Ass!

Als der Trupp der Helden im Hinterland eintrifft, bietet Lavertus ihnen seine Hilfe an.

Mit Spezialwerkzeug macht er sich daran, ihre Ausrüstung zu verbessern. Die Helden haben in Lavertus einen wichtigen neuen Freund gefunden.

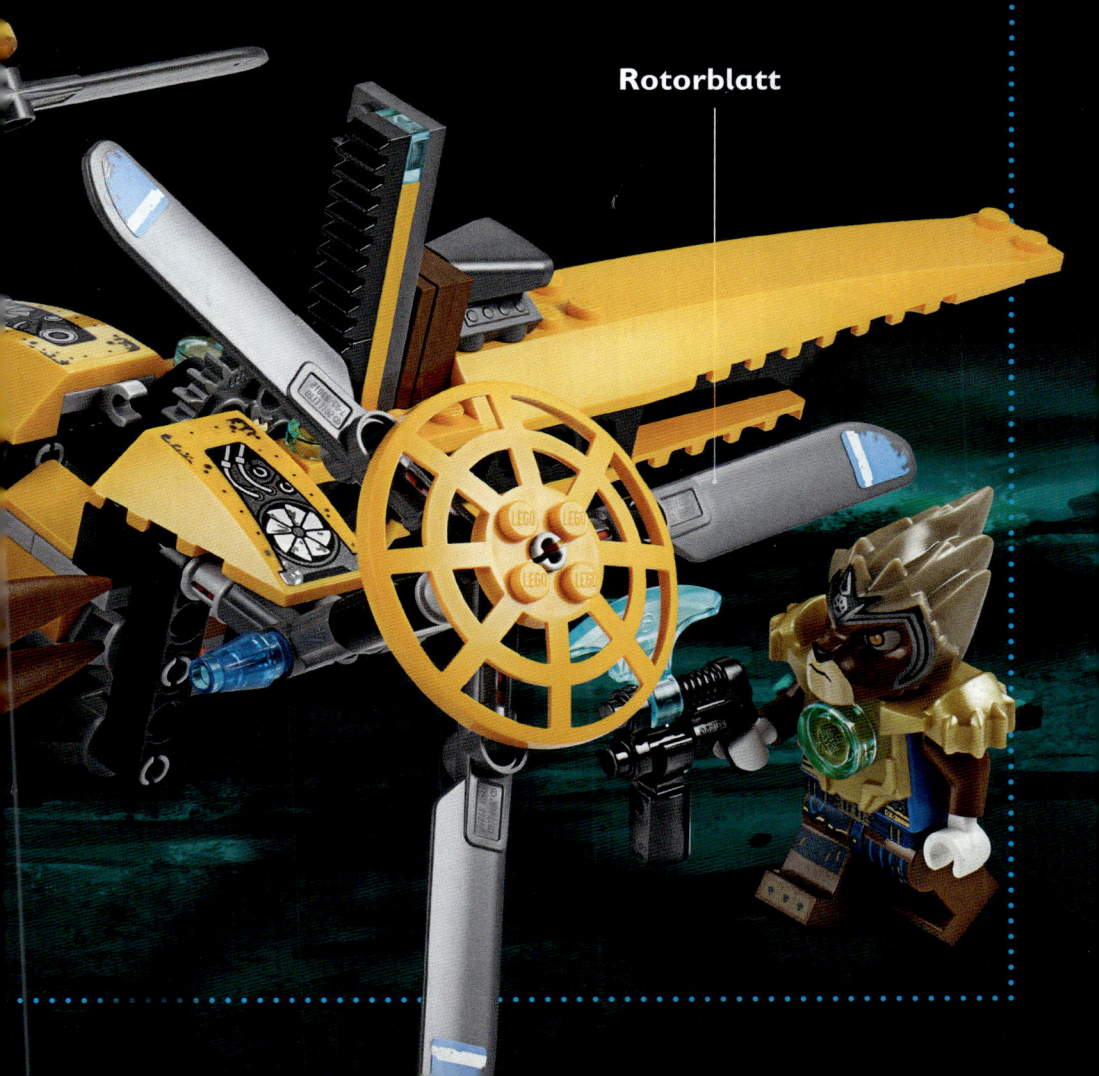

Rotorblatt

Der Stamm der Spinnen

Die Spinnen leben im Hinterland und sind der schlaueste Stamm dort. Sie können sehr gut Netze und Fallen bauen, mit denen sie dann ihre Feinde fangen.

Einmal haben die klebrigen Netze der Spinnen sogar die Wasserfälle des Cavora-Bergs verstopft.

Der Spinnenstamm wird von der eitlen Königin Spinlyn regiert.

Alle Tiere außer den Spinnen finden, dass sie abscheulich aussieht. In ihren Diensten stehen viele Spinnensoldaten.

Netzfalle

Die Spinnen sind Meister im Weben klebriger Netze. Einmal gefangen, haben ihre Feinde kaum Hoffnung zu entkommen.

Der Spinnen-Stalker

Der Spinnen-Stalker ist ein großes Gefährt, das auf acht mechanischen Spinnenbeinen geht. Es kann einzelne Spinnfäden oder auch ganze Netze schleudern. Die Fäden werfen Gegner zu Boden, während die Netze sie einwickeln.

Mit seinen rot leuchtenden Augen und den spitzen Fangzähnen sieht der Spinnen-Stalker sehr gruselig aus. An der Unterseite seines Körpers kann man Ausrüstung befestigen.

Seine stampfenden Vorderbeine werden selbst den größten und stärksten Helden gefährlich.

Scharfe Klauen

Stachel

Selbstsüchtiger König

König Scorm will über die Welt herrschen. Die anderen Stämme des Hinterlands sind ihm egal. Er benutzt sie nur für seine Zwecke.

Der Stamm der Skorpione

Die Skorpione sind der mächtigste Stamm des Hinterlands. Der Stamm ist in drei Ränge aufgeteilt: König, Stomper und Scrapper.

Der König hat eine goldene Rüstung und geht auf zwei Beinen.

Stomper-Skorpione sind groß und schwarz und gehen auf sechs Beinen.

Scrapper-Skorpione sind kleine Fußsoldaten.

Skorpione schlagen und stechen mit ihren Schwänzen. Stomper spritzen damit sogar Gift!

Der machthungrige Skorpionkönig heißt Scorm. Er wird leicht wütend und will alles CHI nur für sich.

Skorpionstachel

Das schwere Gefechtsfahrzeug der Skorpione geht mit riesigen Klauen und Zangen zu Werke. Weil es sich auf drei Rädern fortbewegt, fällt es auch in schwierigem Gelände nicht um.

Der bewegliche Schwanz sticht nach Gegnern und schleudert gefährliche Giftbälle. Kräftige Zangen am Maul beißen den Weg frei.

Bügel am Cockpitsitz schützen
die Skorpionpiloten bei der Fahrt. Die
Giftbälle werden seitlich am Fahrzeug
für den Einsatz bereitgehalten.

Giftball

CHI

Der Stamm der Fledermäuse

Die Fledermäuse sind die schwächsten und dümmsten Tiere im Hinterland. Ihre Stärke ist ihre Masse – es gibt Hunderte von ihnen!

Sie sind der einzige flugfähige Stamm des Hinterlands. Ihre kleinen Fledermaus-Flieger dringen sogar durch das Energiefeld des Cavora-Bergs. Sie stoßen bedrohlichen schwarzen Rauch aus, der den Cavora-Berg einhüllt.

Der Anführer des Stammes heißt
Bommerommer. Er tut alles, was
ihm die Skorpione und Spinnen sagen.
Seine verlässlichen Helfer heißen
Braptor und Blista. Braptors
Fledermaus-Flieger ist mit einer
Sonorr-Kanone ausgestattet.

Gorilla Legend-Beast

Der legendäre Gorilla ist größer und stärker als Gorzan und sein Stamm. Wie Gorzan ist auch er sanftmütig und zu Späßen aufgelegt.

Ihn findet der Helden-Trupp zuerst. Sie sind erleichtert, haben aber noch viel vor sich.

Zunächst müssen sie ihn vor den bösen Spinnen retten, die ihn in der Spinnenschlucht in einem großen Netz gefangen haben. Die Helden tarnen Rogons Cruiser als große Fliege. So lenken sie die Spinnen ab und befreien das Legend-Beast.

Voller Hoffnung machen sie sich nun auf die Suche nach den anderen legendären Tieren.

Adler
Legend-Beast

Die legendäre Adlerin ist ein mächtiger Raubvogel. Mit starken Flügeln, scharfen Krallen und kräftigem Schnabel hütet sie ihre beiden Eier.

Doch oh je! Die gemeinen Hinterland-Stämme haben ihre Eier geklaut und auf den Felsen versteckt. Wenn die Helden nicht gut genug aufpassen, rollen die Eier hinunter und zerschellen auf den Klippen!

Eris fliegt auf dem Rücken des Legend-Beasts herbei und versucht, an die Eier zu kommen. Lavertus der Löwe eilt ihr in seinem Löwen-Jet, dem „Windschatten" zu Hilfe.

Eris setzt ihren taktischen Scharfsinn ein.

Krallen

Gemeinsam mit den anderen
Helden gelingt es ihr schließlich,
die Eier zu retten.

Krokodil Legend-Beast

Das legendäre Krokodil ist ein ausgezeichneter Schwimmer und fühlt sich im Wasser wie zu Hause. Wie alle Legend-Beasts ist es sehr groß. Vorsicht bei den glänzend weißen Zähnen – die sind scharf!

Schuppen

Das Krokodil mag Cragger und trägt ihn auf dem Rücken über Land oder durch Wasser.

Das ist hilfreich, als die Helden in eine überflutete Schlucht stürzen. Der mutige Cragger schwimmt auf dem Krokodil herbei und rettet sie!

Starke Kiefer

Wolf Legend-Beast

Der Wolfstamm gibt Worriz als Glücksbringer das Schwert Derimous mit. Es soll ihm helfen, den legendären Wolf zu finden.

Sein Stamm glaubt, das Schwert sei ein Zahn des Wolf-Beasts. Worriz hat eine besondere Verbindung zu dem mächtigen Tier und ist der Einzige, der sein Geheul versteht.

Betäubt von Skorpiongift liegt der legendäre Wolf gefangen in der Skorpionhöhle. Mithilfe des Schwerts weckt Worriz ihn auf.

Der grimmige Riesenwolf ist sehr stark. Als er wieder wach ist, kann er mühelos aus der Skorpionhöhle entkommen!

Löwe Legend-Beast

Der starke und edle Löwe wird als letztes Beast gefunden. Er ist groß und mächtig, hat eine dichte Mähne und scharfe Krallen. Laval beschließt, ihn ganz allein zu retten.

Der Löwe ist hinter einem tiefen Wassergraben gefangen. Wie Laval verabscheut auch er Wasser und will nicht durch den Graben schwimmen.

Laval überwindet sich. Er schwimmt hinüber und hilft dem Legend-Beast zurück auf die andere Seite.

Schiere Kraft
Der legendäre Löwe rückt seinen Gegnern mit Stärke und kräftigen Kiefern zu Leibe.

Rückkehr nach Chima

Geschafft! Endlich haben die Helden die Legend-Beasts gefunden und die Hinterlandstämme besiegt.

Der böse König Scorm schwört sich zu rächen, wenn er erst wieder CHI hat. Da gibt Laval ihm seine letzte CHI-Kugel und erklärt, dass das CHI immer geteilt werden muss.

Die Helden haben die Gefahren des Hinterlands besiegt. Sie kehren nach Chima zurück. Dort fliegen die Legend-Beasts auf magische Weise in die Wasserfall-Höhlen im Cavora-Berg.

Das Wasser beginnt wieder zu fließen und der Heilige Quell füllt sich mit CHI. Chima und die Tierstämme sind gerettet!

Löwentempel

Quiz

1. Wie heißt das Land, in dem die Tierstämme leben?

2. Wo kann man das magische Naturelement namens CHI finden?

3. Wen sucht der Trupp der Helden im Hinterland?

4. Wer ist Lavals Vater?

5. Wen mag Eris?

6. Wie heißt Rogons riesiger, mit Felsen beladener Laster?

7. Welcher Tierstamm ist der schlauste im Hinterland?

8. Wie fangen die Spinnen ihre Gegner?

9. Wie viele Räder hat das Skorpionstachel-Fahrzeug?

10. Was mag das Löwe Legend-Beast überhaupt nicht?

Antworten auf Seite 125

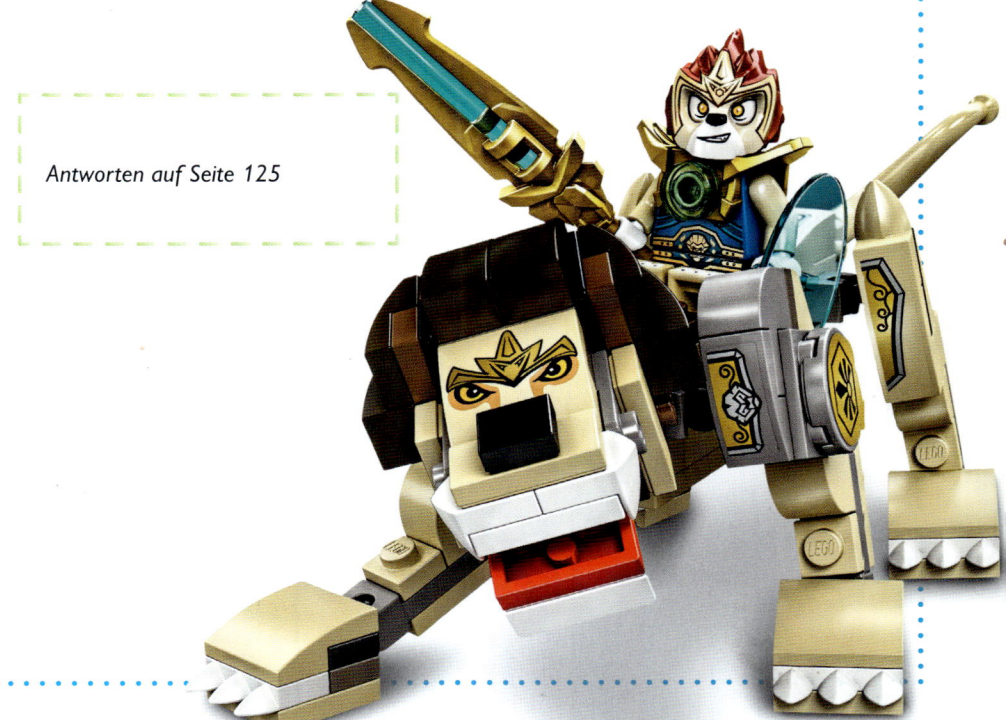

Glossar

Autopilot Funktion, bei der ein Fahrzeug sich selbst steuert

Brustpanzer Rüstung, die den Oberkörper schützt

Cavora-Berg Geheimnisvolle Quelle des CHI

Cockpit Dort sitzt der Pilot eines Fahrzeugs oder Fluggeräts.

Heiliger Quell Dort wird das CHI gesammelt.

katapultieren Im hohen Bogen wegschleudern

Konstrukteur Jemand, der zum Beispiel Fahrzeuge entwirft und baut

Legend-Beasts Legendäre, riesengroße Tiere und Vorfahren der Tierstämme

Parcours Rennstrecke mit Hindernissen

Quad Geländefahrzeug mit vier Rädern

Rudel Eine Gruppe, in der Wölfe zusammenleben

skrupellos Ohne ein schlechtes Gewissen zu haben

Sonorr-Kanone   Sendet Schallwellen aus

Spannweite   Weite von ausgebreiteten Flügeln, gemessen von einer Flügelspitze zur anderen

Speedorz   Die Streitwagen der Tierstämme

Streitwagen   Wendiges kleines Fahrzeug, auf dem sich der Pilot gut bewegen kann

Stromschnellen   Rasend schnell fließendes Wasser in einem Fluss

Vorfahren   Verwandte Tiere, die vor langer Zeit gelebt haben

Antworten zum Quiz auf den Seiten 122 und 123:
1. Chima   2. im Heiligen Quell   3. die Legend-Beasts   4. König LaGravis
5. Rogon, das Nashorn   6. Nashorn-Cruiser   7. die Spinnen   8. mit ihren Netzen
9. drei   10. Wasser

Register

KOMM MIT NACH CHIMA

Spannende Action mit den Tierstämmen aus
LEGO® Legends of Chima™

**LEGO® Legends of Chima™
Die Welt von Chima**

Das große Nachschlagewerk über
die Stämme, ihre Fahrzeuge und
Ausrüstung. Mit über 500 Abbildungen
und einer exklusiven Minifigur!
176 Seiten, Buch mit Minifigur
Ab 7 Jahren

ISBN 978-3-8310-2480-3
€ 16,95 [D] € 17,50 [A] Sfr 24,50

**LEGO® Legends of Chima™
Buch & Steine-Set**

Erschaffe dein eigenes LEGO Legends of
Chima Abenteuer mit diesem tollen Set!
Wer gewinnt das CHI, Crawley das
Krokodil oder Lennox der Löwe?

94 Seiten, Aufklappbox mit Buch,
187 LEGO Elementen und zwei Minifiguren
Ab 7 Jahren
ISBN 978-3-8310-2402-5
€ 19,95 [D] 19,95 [A] Sfr 29,90